講話CD付き

幸せな人生をおくるために

稲盛和夫
INAMORI KAZUO

サンマーク出版

幸せな人生をおくるために

目次

何のために生まれてきたのか

魂を浄化、純化、深化させるために

仕事における六つの精進

仏教の教えから生き方を学ぶ

生き方の神髄3

装丁・造本　菊地信義＋水戸部功
編集協力　京セラ株式会社　稲盛ライブラリー
京セラコミュニケーションシステム株式会社
逍遙舎
編集　斎藤竜哉（サンマーク出版）

本書は、一九九五年七月六日に行われた「盛和塾全国大会」での講話をCDに収録し、その内容を書籍にまとめたものです。講演会場にて録音された音源のため、一部お聞き苦しい箇所がある場合がございます。どうかご了承ください。

書籍は収録した講話を文章にしたものですが、読みやすくするために、一部表現を変えるなど編集を加えてあります。

幸せな人生をおくるために

何のために生まれてきたのか

みなそれぞれに違う人生を歩いている

私自身、若いころから自問自答をくり返してまいりましたが、「私にとって人生というのは何なのか」「私は何のために生まれてきたのか」「私は何をするためにこの世に生を享《う》けたのか」といったことを、みなさんも思っておられるだろうと思います。

私はみなさんに「仕事を一生懸命しなさいよ」と檄《げき》を飛ばしておりますが、仕事をするためにこの人生があるのか、苦労するために生まれてきたのか、また、楽しいことをするため、愉快な人生をおくるために、この世に生まれてきたのか、いったい何なのだろう、と思われると思います。

実はそこのところ——私にとって人生とは何なのか、人生の目的とは何なのか、人生とはどういう意義をもつのかということ——を、どなたにしてもクリアにしておく必要があるのだと思います。

我々は氏《うじ》素性《すじょう》も違えば、生まれも、生まれたあとの環境も、その後の生い立ちや現在に至る過程も、現在も、みなそれぞれ違う人生を歩いているわけです。だからこそ、共通して、我々人間にとって「それぞれの人生とは何なのか」ということがたいへん大事だろうというふうに思います。

結論から先にいいますと、ちょっと抹香臭《まっこう》くて賛同されない方もあるかもしれませんが、（その解釈を）言葉を変えて二つ述べてみます。

「たった一回しかない人生」だからこそ

一つは、我々の人生とは、自分自身の魂、もしくは本質である真我《しんが》の、浄化、純化、深化をするためにある。これが、もっとも正しい人生の目的、人生の意義なのです。

つまり、浄化、純化、深化を遂げるためにこの世に生まれてきたのだと。それが正しい解釈だと思っています。

ふつう、我々はこの人生を、「たった一回しかない人生」と思っていますし、また、そういうふうに思おうと努めています。私も、この言葉が好きでよく使います。

たとえば第二電電（現KDDI）をつくったときには、みんなの求心力を高め、第二電電をつくる人たちの魂を揺さぶるために、私は次のような話をしました。

「たった一回しかない人生だ。百年に一度、一世紀に一度あるかないかという変革の時代に、情報通信の民営化・自由化を図り、新規参入を認めるという。そういう大変革のときに、ちょうど適当な年代・年齢でそれを担いうる立場にあるというのは、千載一遇のチャンスではないか。この千載一遇のチャンスを逃してなるものか。たった一回しかない人生で、そういうすばらしいチャンスが目の前にあるなら、悔いのないように燃えてみようではないか」

そういう言葉でみんなの心を結集しました。そういうときに「たった一回しかない人生」「やり直しの利かない人生」という表現を使うことがあります。

怠惰な私、ルーズな私、いい加減な私、デタラメな私、といったものを戒める意味で「一回しかない人生」というふうに表現をするのですが、正直にいうとそうではありません。

我々の真我、もしくは魂というのは、仏教が説くように輪廻《りんね》転生をくり返していきます。「たった一回」の現世での生活では終わらないのです。

ただし、我々は過去の記憶をなくしてこの現世に生まれてきていますから、今回で何回現世に出てきているのかは知る由《よし》もありません。たまに、ごく少ない人で過去世を覚えてこの現世に出てくるという例もあるようですが、正直なところ、我々は輪廻転生をくり返しながら、何回となくこの現世に生を享けています。

それは、我々の魂、真我を、この現世という厳しい環境の中で浄化、純化、深化させていくためなのです。厳しいというのは、我々は肉体をもっているだけに、あらゆる誘惑、悪の誘いなどがあり、たいへんな苦労を伴いますが、そういう中で魂や真我の浄化、純化、深化をするために、その苦難が与えられるわけです。

人生の目的とは「世のため人のために尽くす」こと

この人生というのは、自分自身、自分の魂を磨くためにあるのだ、というふうに考えるべきです。それが抹香臭い、第一義的な考え方ですが、これをもし好まないようであれば、次のような考え方をしてもいいでしょう。

魂とか真我を浄化、純化、深化させる方法として、仏教では八つの行というものがあります。そのなかでもっとも大事なのは「善行を積む」ということです。

つまり、私がみなさんにいつもいう「利他行」のことです。それは、簡単にいうと「世のため人のために尽くす」ということです。

ですから、先ほどいったような、魂とか真我の純化、浄化、深化、また、輪廻転生をくり返すという仏教的な意義が、あまり自分自身を納得させないもので、いままでそういうものに対する親しみやなじみがないという方は、「世のため人のために尽くすために、私はこの人生に生を享けた」というふうに考えていいのではないでしょうか。

それは、中国の古典でよくいう「善を積む」ということです。「利他行」であります。

「世のため」という言葉を解釈するには、自分が住んでいるこの地域社会、コミュニティー、県、地方、または日本、世界、宇宙、というふうに考えてもいいでしょう。なるべく大きい宇宙規模の「この世」というふうに考えていいかもしれません。宇宙のため、地球のため、というぐあいです。

みなさんも街を歩いておられるとき、街角や家の軒下などに「世界人類が平和でありますように」と標語を書いた短冊のようなものがかけられているのをよく目にされるかと思います。

あれは五井（昌久）さんという方が突然悟りを開かれて、新興宗教を興してああいうことをやっておられるわけです。

本を読んだことがありますが、「世界人類が平和でありますように」という標語を、信者の方々が街の至るところに掲げておられる。これはふつう何でもないように見えますが、まさに、「世のため」ということであります。

我々がごく小さなボランティアとして人助けをする、または寄付をする。そういうことも世のためですけれども、「世界人類が平和でありますように」と毎日祈るということは、世のための、つまり地球規模ともいうべきとても大きな愛に目覚めた教義であります。

信者の人たちは、自分の個々の願いではなく、またごく小さな、自分の周辺にある博愛や思いやりといった利他でもなく、グローバルな、地球規模の大きな愛を唱えているわけです。

「世界人類が平和でありますように」と唱えること。街角に掲げること。日常のそうした行為が、あなたの魂の浄化、純化、深化に役立つ。

つまり、卑近な自分の幸せを願うのではなく、グローバルな、大きな人類の平和を願う、神に祈ることが、あなたの魂の純化、浄化、深化につながるという意味です。

ですから、先ほどいった輪廻転生や、魂の純化、浄化というようなことを受けつけない方は、「私の人生の目的・意義は、世のため人のためにめに尽くすためであり、そのために生まれてきたんだ」というふうに理解されたらいいと思います。

それは、世のため人のため、という利他行が魂の純化をするための大きな要素なので、それだけだと考えてもいいはずです。

そういうふうに自分の心の中で、現世に生きる目的を明確にしますと、何をするにも迷いがなくなってきます。つまりそれに合った生き方をするということで、迷いがなくなって、確信に満ちた人生を歩くことができるのです。

こうしてお互いにみんな研鑽《けんさん》しあって、忙しい中たいへんな時間と費用を費やして集まり、一生懸命人生や経営を学ぼうとしていることも、いまいったような、世のため人のため、魂、真我の純化、浄化、深化を求める心がなせる行であります。

ですから、ぜひ、自分の人生の目的・意義をハッキリとつかんで帰っていただきたいのです。そうすれば、不動の人生が確立するはずです。

魂を浄化、純化、深化させるために

まず「あの世」を信じることから始まる

先ほど冒頭に、魂もしくは真我は輪廻転生をくり返し、何回となくこの現世に生まれてきて浄化、純化、深化のための修行をするといいました。

オカルト的なことをみなさんにいうわけではありませんが、我々が生きているこの現世とはまったく別の、宗教的にいうところの「あの世」というのは厳然とある、ということをまず信じてほしいのです。

つまり、霊魂というものが存在するということを信じてほしい。なぜなら、それを否定していたのでは解けないもろもろのことがたくさんあるからです。

だからといって、お化けが出るとか、祟《たた》りがあるなどということをみなさんにわかってほしいという意味ではありません。

これはもう厳然と、陽と陰の世界というものが必ず対比してあるのです。それは霊界というものがあるということ。

我々が死んであの世へ行って、輪廻転生をくり返すというのは、あの世に行って帰ってこなければ輪廻転生はありえないわけでありますから、あの世があるのは紛れもない事実だということです。

しかしそれは、誰も証明ができませんから、みな否定をするわけですが、おそらく二十一世紀になって人類が最終的に救われるときには、必ずあの世が立証され、それを万人が納得できるように説明ができる時代が来るであろうと信じています。でなければ、このまで行ったときに、人類は破滅するかもしれないというふうに思うからです。

しかし証明されなかったからといって、それを否定する必要はありません。あの世というものはある。つまり、霊界はあるのです。

我々が死んだあとの魂とか真我は、いわゆる霊魂としてあの世へ行き、そしてあの世からまた、現世に帰ってくるという、ハッキリとそういう霊界というものがあるということを信じていただきたいと思います。

霊界というものが存在するということ、肉体を脱ぎ捨てて行くところがある、と信じるということは、修行をする、魂の純化、浄化をしていくためにはたいへん大事なことなのです。

なぜ「思ったことは必ず実現する」のか

では、魂とか真我というのは何なのでしょう。

みなさんは、いろんな本を読んで、私よりももっと勉強していらっしゃる方もおられると思いますが、私たちが意識をする——よく私も「潜在意識に透徹するほどの」といいますが——その「潜在意識」も含めた私どもがもっているこの意識には、魂、いわゆる意識体というものがあるようです。

我々は物体しか見えませんから、物体しかないように見えますが、意識というものがあるように思います。脳細胞が働いて発生するのはごくごく一部の、我々の五感から出てくる意識であり、それを総称した意識体というものがあるのだと思います。それが私は魂という〝猛烈〟な意識だと思っています。

つまり、我々が輪廻転生をくり返してこの現世に出てきて経験したいろんなことをすべて、コンピュータのメモリーのように記憶していて、くり返し現世に出てきて経験したことをすべて覚えている意識体が、魂なのだろうと思っています。

これは、霊界があるとか、あの世があるというようなことを信じなさいよ、といいましたけれども、実際にそれを何かに使おうということではありません。それを信じないことには輪廻転生そのものが存在しませんから、そう申し上げたわけです。

そこで、人生とは簡単にいえば、世のため人のために尽くすためのものであり、そのために私はこの世に出てきました。それはとりもなおさず、私の魂、私の真我を純化、浄化、深化させるために、ひとつの大きな要素として利他行を行うために生まれてきた、ということであります。

前に、魂を浄化するために我々は修行をする、といいましたが、その修行のなかの大きな要素が、利他行というものです。

「原因」と「結果」の法則

ジェームズ・アレン 著／坂本 貢一 訳

アール・ナイチンゲール、デール・カーネギーほか「現代成功哲学の祖たち」がもっとも影響を受けた伝説のバイブル。聖書に次いで一世紀以上ものあいだ、多くの人に読まれつづけている驚異的な超ロング・ベストセラー、初の完訳！

定価＝本体 1200 円＋税
978-4-7631-9509-8

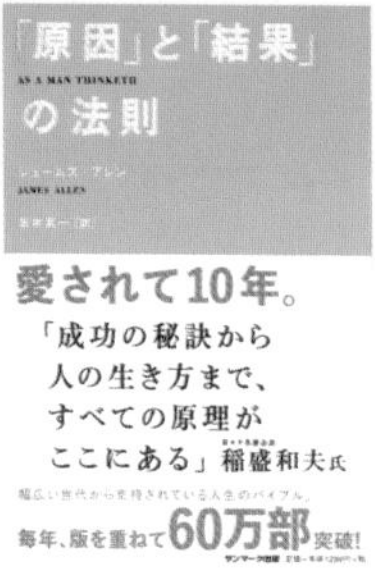
「原因」と「結果」の法則
AS A MAN THINKETH
ジェームズ・アレン
JAMES ALLEN
愛されて10年。
「成功の秘訣から
人の生き方まで、
すべての原理が
ここにある」稲盛和夫氏
毎年、版を重ねて60万部突破!

生き方

稲盛和夫 著

大きな夢をかなえ、たしかな人生を歩むために一番大切なのは、人間として正しい生き方をすること。二つの世界的大企業・京セラと KDDI を創業した当代随一の経営者がすべての人に贈る、渾身の人生哲学！

定価＝本体 1700 円＋税
978-4-7631-9543-2

生き方
不朽のロング・ベストセラー、
130万部突破!!
世代とともに読みつがれる、
人生哲学の"金字塔"!
稲盛和夫
海外13カ国で翻訳、中国でも150万部突破!
サンマーク出版

スタンフォード式　最高の睡眠

西野精治 著

睡眠研究の世界最高峰、「スタンフォード大学」教授が伝授。
疲れがウソのようにとれるすごい眠り方！

定価＝本体 1500 円＋税
978-4-7631-3601-5

スタンフォード式
最高の睡眠
The Stanford Method for Ultimate Sound Sleep
西野精治
30万部突破!
「睡眠負債」の実態と対策に迫った
眠りの研究、最前線!
テレビで大反響
睡眠本の超決定版!

の電子書店で購読できます！

honto、BOOK ☆ WALKER、COCORO BOOKS ほか

世界一
伸びる
ストレッチ
中野ジェームズ修一
体が硬い人も
痛みがある人も
最適な伸ばし方は、ある。
20万部突破!

世界一伸びるストレッチ

中野ジェームズ修一 著

箱根駅伝を2連覇した青学大陸上部のフィジカルトレーナーによる新ストレッチ大全!
体の硬い人も肩・腰・ひざが痛む人も疲れにくい「快適」な体は取り戻せる。

定価=本体1300円+税
978-4-7631-3522-3

コーヒーが冷めないうちに
川口俊和
お願いします、あの日に戻らせてください――。
「ここに来れば、過去に戻れるって、ほんとうですか?」
不思議なうわさのある喫茶店フニクリフニクラを訪れた4人の女性たちが紡ぐ、家族と、愛と、後悔の物語。
――4回泣けます
85万部突破!

コーヒーが冷めないうちに

川口俊和 著

「お願いします、あの日に戻らせてください……」
過去に戻れる喫茶店を訪れた4人の女性たちが紡ぐ、家族と、愛と、後悔の物語。
シリーズ100万部突破のベストセラー!

定価=本体1300円+税
978-4-7631-3507-0

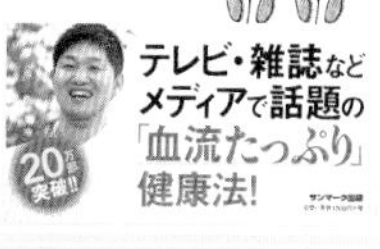
血流がすべて解決する
堀江昭佳
テレビ・雑誌などメディアで話題の「血流たっぷり」健康法!

血流がすべて解決する

堀江昭佳 著

出雲大社の表参道で90年続く漢方薬局の予約のとれない薬剤師が教える、血流を改善して病気を遠ざける画期的な健康法!

定価=本体1300円+税
978-4-7631-3536-0

いずれの書籍も電子版は以

楽天〈kobo〉、Kindle、Kinoppy、Apple Books、BookL

では、この利他行、魂を純化するというのはどういうことかといいますと、我々はこの現世で、いろんな悪さをしていきます。悪さというのは、悪い思いは悪い業《ごう》をつくる、ということです。

つまり、邪《よこしま》なことをいろいろと思えば、思ったものはすべて、あなたの魂にカルマ、業として沈着します。ただ思っただけでも、それはあなたの魂にカルマとして沈着するのです。そしてカルマ、つまり思いは、必ず魂に沈着し、現象として現れてきます。「強烈な思い、願望は必ず実現する」と私がいっているのもそれであります。

「思ったことは必ず実現する」というのは、一度思ったことはカルマとして、よいカルマも悪いカルマもすべて魂に沈着し、そのカルマは必ず花開いて実現していきます。

つまり、悪いカルマは悪い結果として現象に出てきますし、いい思いはいい結果として現象面に出てくるということです。

ですから、思いは必ず成就するのです。

いろんな成功体験の本などを、世の東西を問わずちょっとでもひもとかればわかりますが、どの本でも「思いは必ず実現する」「思いは必ず成就する」ということが一貫して鉄則になっているはずです。それはそういう意味からなのです。

「利他行」が悪いカルマを消してくれる

いい思いはいいカルマとして魂に沈着し、それは必ず結果として現象面に現れてきますし、悪い思いは悪いカルマとして、業として魂に沈着し、それが必ず結果として現れてきます。

同時に、世のため人のため、という利他行を行うというのは、悪いカルマを消す作用があるのです。

みなさんのなかにはこんなことをご経験された方がいらっしゃるのではないかと思います。

たとえば、星占いだとか占い。

私は星占いとか占いというようなことは、生まれてからいままで一回もしたことはありませんが、本などは読んだりしています。

そういう占いを観《み》てもらったときに、「あなたの星回りは今年は非常に悪いですよ」「こんな問題がありますよ」といわれたとします。

しかし、占い師によっては、「ちょうどそのときにあなたは知ってか知らずか、こんなことをされましたね。つまり、よきことをされましたね。そのためにおそらく、遭遇する災難を避けられるのかもしれませんね」といいます。

「本来なら、占いの点からいっても、あなたは今年は実はたいへんな星回りですよ。いろんな思わぬ不幸が押し寄せたり、いろんなことが起こるかもしれないということになっているのに、たまたま、あなたは何かをされましたね。実は、それをされたことで、あなたのそういう運命を回避できるかもしれません」という。そういう占い師がおられるケースがよくあります。

それは、宇宙の法則というものを知っている人です。利他行が、そういう業を消すということです。

「あなたの魂に沈着した悪い業が花開く時期に来ているのに、それが、ひょんなことから、消えてしまっていますよ」「それはあなたが去年やった、今年やったあの利他行が、それを消したのかもしれません」

そういう意味なのです。

つまり、利他行というのは魂を純化するといいましたけれども、同時に悪いカルマを消していくという作用があるわけです。

仕事における六つの精進

忙しい毎日の中でも魂は美しくなっていく

人生とは、人生の目的とは、人生の意義とは、ということについて、私は、「魂もしくは真我を純化、浄化、深化させるために、この現世があるのだ」「そのなかの大きな要素として利他行、世のため人のためということを目的にされたらいいですよ」といいました。

けれども、魂・真我を、浄化、純化、深化させるために、人類は有史以来、たいへんな苦労をしてきてい

郵 便 は が き

料金受取人払郵便

新宿北局承認

8720

差出有効期間
2022年11月
30日まで
切手を貼らずに
お出しください。

169-8790

154

東京都新宿区
高田馬場2-16-11
高田馬場216ビル 5 F

サンマーク出版愛読者係行

ご 住 所	〒 都道府県	
フリガナ		☎
お 名 前		( )
電子メールアドレス		

ご記入されたご住所、お名前、メールアドレスなどは企画の参考、企画用アンケートの依頼、および商品情報の案内の目的にのみ使用するもので、他の目的では使用いたしません。
尚、下記をご希望の方には無料で郵送いたしますので、□欄に✓印を記入し投函して下さい。
□サンマーク出版発行図書目録

1 お買い求めいただいた本の名。

2 本書をお読みになった感想。

3 お買い求めになった書店名。

市・区・郡　　　　町・村　　　　書店

4 本書をお買い求めになった動機は?

・書店で見て　　・人にすすめられて
・新聞広告を見て(朝日・読売・毎日・日経・その他＝　　　)
・雑誌広告を見て(掲載誌＝　　　)
・その他(　　　)

ご購読ありがとうございます。今後の出版物の参考とさせていただきますので、上記のアンケートにお答えください。**抽選で毎月10名の方に図書カード(1000円分)をお送りします。**なお、ご記入いただいた個人情報以外のデータは編集資料の他、広告に使用させていただく場合がございます。

5 下記、ご記入お願いします。

ご職業	1 会社員(業種　　)2 自営業(業種　　) 3 公務員(職種　　)4 学生(中・高・高専・大・専門・院) 5 主婦　　6 その他(　　)		
性別	男・女	年齢	歳

ます。

たとえば仏教では、禅宗のお坊さんは毎日毎日厳しい修行の中で座禅を組み、魂の浄化を求めていかれる。また、比叡山《ひえいざん》のお寺では千日回峰《かいほう》というすさまじい荒行をやって、自分の魂・真我の浄化、深化に努力をされている。そしてヨガの聖人たちは、あのヒマラヤの深山にこもって瞑想《めいそう》にふけり、自分の魂の純化、浄化を見つめていかれる。

みんなたいへんな苦労をして、魂の純化、浄化に努めておられます。これはつまり、魂が美しくなっていく度合いによって、あの世に帰っていくところが違う、といわれているからです。

そういうふうに人類としては、最終目的が魂の純化なものですから、一生涯かけて修行をして魂の純化をしていらっしゃる方々が人類の有史以来いるわけです。

私どもはこうして現世に生まれてきて、幸か不幸か、会社経営をしたり、親の会社を継いだり、自分で会社をつくったりして事業経営をやっています。

そこで私はみなさんに、「自分一人生きるのもたいへんなのに、一人でも二人でも従業員を抱えている。ひとり者というのはそういません。みな家族をもっていますから、そういう家族をもった方々を養っていくということは、並大抵じゃありません。自分一人生きるのでもたいへんな時代に、従業員を抱えて、従業員の家族を抱えて食わせていくだけでもたいへんなことです。そのことがもうすでに利他行なんです」といっています。

ですから、中小企業といっても、中小企業の経営者というのは偉いんです。また本来偉いんだから、偉くなるべきなのです。

中小企業の経営者の方々が立派な人格者になってくれる、立派な考え方をもってくれるということが世の中を平和にし、世の中を豊かにしていくもとなのです。

けっして、商人とか、または中小零細企業の経営者の方々を、がめつい経営者、といった目で見るべきものではありません。みなさんがいまやっておられることとそのものが、実は美しいことであり、立派なことであります。

ですから、さらにこういう勉強をされて、みなさんがすばらしくなっていかれることは、社会を、世の中を明るく美しいものにしていくもとなんだ、と私は思っています。

私どもはたまたま、親の会社を継いだり、親がしていた仕事を継いだり、または自分で会社を興したりして、中小零細の会社をやっているわけですが、その私どもには、宗教家が一生涯を通じて荒行をしたり修行をしたりして、一生懸命魂の純化、浄化をしているのに比べると、そういう暇もありません。

よく瞑想などもやっておられる方もたくさんおられますが、とてもいいことです。また、お互いに教え合うということもしておられるようでありますが、これもたいへんいいことです。ですが、毎日毎日追われるような忙しい日々で、そういう暇もない方もたくさんおられるわけです。

では、我々経営者のように忙しい毎日をおくる、一日何時間も寝る間がないというぐらい忙しい人たちは、救われないのでしょうか。そういう人たちは、悟れない、魂の純化、浄化はできないのだろうか、という問題があります。

しかし、私は、実はそうではないと思っています。救われるんです。

魂を浄化するための六つの要素

仏教では「こうすればいい」という修行がいろいろとありますが、それと似通ったことでもっと簡単にいいますと、（一番目として）まず「誰にも負けない努力をしてください」「必死にやってください」といっています。

その「必死にやる」ことを仏教では「精進《しょうじん》」といいます。精進するとは、一生懸命生きる、ということです。

修行のことを精進といいますが、我々がこの現世で一生懸命働く、一生懸命生きる、一心不乱に働くということは、実は宗教家が荒行をしているのといっしょなのです。けっして別のものではありません。それは、あたかも宗教家が荒行をやっているのと同じなのです。

「誰にも負けない努力をする」というのは、ただ単に仕事をし、儲《もう》かるように会社をしなさいよ、というだけではなく、それは修行であり、荒行なのです。

その荒行をやること、精進をするということが、実は魂の浄化になることなんです。

（二番目に）私はみなさんに「謙虚にして驕《おご》らず」ということをいっていますが、中国の古典には「ただ謙のみ福を受く」という言葉があります。けっして厚かましい人、強引な人、そういう人がいい結果を得るわけではありません。

そうではなく（いい結果になるのは）謙虚な人、控えめな人です。経営陣のなかでは人を押しのけてでも、という人が雄々しい経営者のように見えますが、大成する人はそうではありません。あくまで、内心には燃えるような情熱と闘争心、闘魂をもっていながらも、実は謙虚な人、控えめな人なのです。

また、中国の古典のなかには将来、出世をするような人間は必ず、一種の謙遜《けんそん》の徳の光が輝いている、と表現をしているケースがあります。

若い人を見て、将来大成し、立派になるような人というのは、一種の謙遜の徳が光り輝いている。若くして謙虚さが内面に輝いている。そういう人は必ず将来大成する、ということが中国の骨相学、人相学の中にあります。

ですから「謙虚にして驕らず」ということは、魂を浄化するために非常に大事なことであります。

三番目に、「毎日反省する」ということ。これは、利己の反省のことです。つまり、利他行をしようとしているわけですが、利他行をする前に、利己を反省する。邪な、自分だけよければいいという利己を、反省して消す。

つまり、利己の反省および払拭《ふっしょく》ということです。

禅宗のお経のなかに白隠禅師《はくいんぜんじ》の『坐禅和讃《ざぜんわさん》』というものがありますが、その中に「念仏懺悔《ざんげ》修行等」という言葉があります。この懺悔というのが、つまり反省なのです。

懺悔というのは修行のなかで大きなウエートを占めます。ぜひ毎日毎日、今日あったことを振り返り、反省を怠らないということをしていただければ、と思います。

四番目は、毎日、いまここに存在していることに感謝するということです。

実は、感謝をするというのは、幸せを感ずる心がなければ感謝にはなりません。幸せを感ずるというのは、どういうことでしょうか。

普通ですと、我々人間はつねに不足だらけです。不足がありますから、必ず不満があり、不平があります。ですが、「足るを知る」ということが大切なのです。足るを知るということをすれば、いやあ、これだけでも立派ではないか、これだけでもいいではないか、となりますから、そこに幸せの感じが出てきます。

幸せの感じが出てくれれば、必ず感謝をすることを知ります。生きていることそれ自体に幸せを感ずること、生きていることに感謝をするということはたいへん大事なことです。

たとえば、お忙しい中たいへんな時間を費やして、費用もかけて来ていただき、こうして一堂に集うことができるのは、みなさんの社員の人たちが、またみなさんの同僚が会社でがんばってくれて、そのくらいの費用の面倒をみてくれるからです。それに対して、ありがとう、という気持ちが自然にわいてくるような毎日をおくる。

感謝をしようと思えば、どんな些細《ささい》なことでも、その対象はいくらでもあります。それは、「足るを知る」という心から出てくる、幸せを感ずる心そのものが感謝するということです。これが魂の浄化に非常に大きな作用をします。

五番目にあげているのは利他行、善行を積むということです。つまり「世のため人のために尽くす」ということです。これはいままでずっといってきたことのなかでも、もっとも大事なことであります。

そして、最後（の六番目）。

この現世で我々が遭遇する感覚に伴う悩みについてです。

たとえば、手形が落ちない、明日つぶれるかもしれないという悩み。そういう悩みを、一切しないということです。

こんなことをいえば、「会社がつぶれるじゃないか」「つぶれるというのに心配しないということではつぶれるじゃないか」と思われるでしょう。

それはたしかに、手形を落とすために走り回らなきゃいけませんし、つぶれかかっているなら一生懸命がんばらなければいけません。

けれども、それを心配しないというのは、そのことで心を悩ますような心労をしてはいけません、ということなんです。

そんなことは生きている以上、この現世では通常ありうることです。一生懸命がんばってみてつぶれてしまうならしようがない。そのくらいに思うわけです。

それを、奥さんも含めて、たいへんなことだ、世間に顔向けができないのなんだのと始まって、よけいな心配をするものだから、なお悪くなるんです。

一生懸命がんばってやってつぶれるなら、しようがないんです。一生懸命やって、回し手形をもらったら、相手がつぶれてたいへんな負債を抱え込んでしまったというケースもありうるわけで、一生懸命努力はしないといけません。

「誰にも負けない努力をする」ということが（六つの精進の）一番目ですから。一生懸命努力はしますが、そのことで心を煩わすような悩み方をしてはいけないのです。

この現世ではそういうことは当然ありうる。現世では災難にもあいますし、重病にもかかります。それならまだいいほうで、生まれながらにして五体健全でない人だっておられます。そしてこの現世でたいへん苦労して人生を歩いていかれます。

五体健全な我々からみれば、たいへん不幸な方のようにみえますが、我々よりはるかにすばらしい心をもっていらっしゃる方もたくさんいます。そして逆に、五体健全な我々に希望と夢を与えてくれるようなすばらしい言動をされる身体障害者の方もおられます。

ですから、人生いろんなことがあるわけで、そのことで心まで病気にするような悩み方をしてはいけません。人生というのは、いろんなことが起こるようになっているのですから。

ましてや、自殺でもしようかというようなことをついつい思いがちですが、そういう悩み方は一切してはいけません。

誰にでもできることを毎日やれば人生は開けていく

この、いまいいました六つをもう一度あげると、

一、誰にも負けない努力をする。
二、謙虚にして驕らず。
三、毎日反省を行う。利己の反省および払拭。
四、毎日感謝をする。幸せを感ずる心は「足るを知る」心から生まれる。
五、善行、利他行を積む。

中国の古典にも「積善の家に余慶あり」とあるように、人に思いやりを施し、人のために尽くすことは、実は自分自身を救うこと。自分自

身にも、それは必ず反映して、反応として幸せにもつながっていくのです。

六、感覚・感性に伴うような悩み、心配をしない。

ということです。

この六つのことを、忙しい毎日の経営の場でやっていけば、魂の純化、浄化につながっていくと私は思っています。けっして宗教家がやっておられるような荒行をやったり、毎日毎日座禅を組んだりする暇はなくても、毎日の仕事の中でこれだけのことをやれば、魂の純化、浄化ができると思っています。

思っています、というよりは、私がこういうことに気づいて、実践しはじめてから、人生も仕事も、私の才能とか能力を超えて順調にいっています。それは、あたかも神さまが手伝ってくれたかのごとくです。（ふつうは）そんなにやることなすことが全部うまくいくはずがないのです。ですが、ほんとうに信じられないぐらいすばらしいことが起こっているのです。

それは、宗教家であれば、すごい霊能力をもっている人といってもいいのかもしれませんし、すばらしい超能力的な超常現象を起こせる人といってもいいのかもしれません。

しかし、そういう解釈をするのではなくて、こういう誰にでもできることを綿々と毎日やっておれば、いつかそういうすばらしい人生が開けていくということです。

誠を尽くせば、宇宙が助けてくれる

「至誠の感ずるところ、天地もこれが為に動く」といいました。誠を尽くしていけば、その人のために天地も動く、神も自然も味方をする、ということです。

二宮尊徳がいう、この至誠の感ずるところというのは、この六つぐらいのことを必死でやっていることを表しているわけです。

これはまさに、魂の純化、浄化のための修行と同じだと、私は思っています。こういうことを続けていけば、すばらしい神の加護があるのではないかと思います。そういう点では、けっして難しいことをする必要はありません。

我々経営者は、けっして、姑息《こそく》な、金儲けのためのことをやっている薄汚い商人ではありません。もちろん、経営をする以上、利益の追求もいたしますが、それは、社員を守るためです。

我々には社員があり、社員の家族があり、自分の家族があります。その人たちの現在と未来の生活を守っていくために、我々は必死で働いているわけです。

自分一人生きるだけでもたいへんな時代に、従業員の家族まで守っていこうというのは、まさに利他行でありますの。つまり、よきこと、善行であります。

そういうことを一生懸命やって、従業員の人たちも、この会社に入ってよかった、この社長の下で働いてよかった、と思われるような会社をつくっていくことは、まさに宗教家が修行をしているのと同じような結果をもたらしてくれます。

そういう純粋な生き方、至誠の感ずるところには、必ず、「鬼神も天地もこれが為に動く」「鬼神もこれを避く」というように、神さまもすばらしい心根に感動されて応援をしてくださるというふうに私は信じております。

信じるだけではありません。事実、私の生きてきたとくに後半の人生において、私の力以上、私の能力以上のことができていると思っております。

私自身は、京セラには一週間のうちに一日、行くか行かないかですが、それでも幹部も実はビックリしています。「自分たちは京セラフィロソフィ（人間のあり方から説き起こした京セラの企業哲学）というものを信じてやってきたけれども、それがまさかこういうふうになっていくとは信じられない」というぐらいに思っておられると思います。

第二電電という情報通信の世界に足を踏み入れたときは三分間四百円であった通信料金を、何としても国民のために安くしてあげたい、という一念で始めた事業でした。

そのときに私がつくった言葉が「動機善なりや、私心なかりしか」というものです。その一点でやった事業がいま、すばらしい展開を第二電電にもたらし、同時に京セラにももたらしてくれています。

そういう点では、これは、私の才能というよりは、そういう生き方、そういう展開をしていった私に対して、神さまが与えてくださったのだというふうに思っております。

ですから、迷うことはありません。

みなさんもいまいったようなことをやっていけば、必ずみなさんの企業の前には燦然《さんぜん》と輝くような未来が現れてくるはずです。また、それが、宇宙の法則だと思っています。

仏教の教えから生き方を学ぶ

人生の指標となる白隠禅師の『坐禅和讃』

白隠禅師が唱えられた『坐禅和讃』が、私はたいへん好きです。私の家はもともと西本願寺の浄土真宗なのですが、会社を始めてから京都の禅宗のお坊さんとたいへん親しくしておりまして、いまではその禅宗の信者になっています。

この白隠禅師の『坐禅和讃』はたいへんすばらしい表現ですので、これをちょっと読んでみます。それで講演を締めくくらせていただこうと思います。ご存じの方もおられるかもしれませんが。

衆生《しゅじょう》本来仏なり　水と氷の如《ごと》くにて
水を離れて氷なく　衆生の外に仏なし

みなさんはみな仏なのですよ。それは水と氷のような関係であって、水を離れて氷はないように、人間を離れて仏はないのです。

衆生近きを知らずして　遠く求むるはかなさよ
たとえば水の中に居て　渇《かつ》を叫ぶが如くなり

仏はみなさんの近くにいる、つまり自分の中にいるということを知らずして、遠くに仏さんがあるかのように求めるはかなさよ。それはたとえば水の中にいながら、喉《のど》が渇いていているといって叫ぶようなものです。

長者の家の子となりて　貧里に迷うに異ならず
六趣輪廻《ろくしゅりんね》の因縁は　己が愚痴の闇路《やみじ》なり
闇路に闇路を踏みそえて　いつか生死《しょうじ》を離るべき

長者の家の子供と生まれていながら、貧しい貧民街に迷い込んでしまう子もあります。輪廻転生をくり返して積んできた業が、そしてあなたがいつもブツブツ不平不満をいっているその愚痴が、闇路をつくっているということです。そういうふうに愚痴ばっかりいっていると、暗闇の中に迷い込んでしまって、人生の暗闇から暗闇を歩き、いつか死ぬときを迎えるでありましょう。

それ摩訶衍《まかえん》の禅定は　称歎《たん》するに余りあり
布施《ふせ》や持戒《じかい》の諸波羅蜜《はらみつ》　念仏懺悔修行等
その品多き諸善行　皆この中に帰するなり

そういう人生をおくっていくなかで禅定つまり、座禅とはすばらしいものですよ。
布施とは利他行であります。そして持戒とは、先ほどいいました反省であります。また、謙虚であります。

つまり、戒を守る。また、念仏を唱える、懺悔をするといったように、あなたがする布施、つまり利他行または感謝をし、自分自身で反省をしていくという行、そういう善行はみなこの中に入るのです。

一坐の功を成す人も　積みし無量の罪ほろぶ
悪趣いずくにありぬべき　浄土即《すなわ》ち遠からず

我々のように会社を経営し、ある種の成功をするまでの間には、たとえどんないいことをしようと思っても、やはり罪も積んできたでしょう。そういう罪も、布施や持戒、念仏、懺悔といった修行、善行によってほろぼすことができるのです。そうなれば浄土、つまり天国はそう遠いものではないはずです。

辱《かたじけ》なくもこの法《のり》を　一たび耳に触るる時
讃歎《さんたん》随喜する人は　福を得ること限りなし

この法というのは仏法のことです。禅宗で説くお経であります。

一度でもいいので、このお経を耳にしたとき、讃歎随喜する人、つまり、お経を聞いて非常な幸せ感に満ちて、涙が出てたまらないというような人は、何の意味がなくとも限りない福を得ることでしょう。

況《いわん》や自ら廻向《えこう》して　直に自性《じしょう》を証すれば

自性即ち無性にて　すでに戯論《けろん》を離れたり
因果一如の門ひらけ　無二無三の道直し
無相の相を相として　往《ゆ》くも帰るも余所《よそ》ならず
無念の念を念として　歌うも舞うも法の声
三昧《ざんまい》無礙《むげ》の空ひろく　四智《しち》円明《えんみよう》の月さえん
この時何をか求むべき　寂滅現前する故に
当処即ち蓮華《れんげ》国　この身即ち仏なり

いわんや自分から心を回して、自分の本性、真我の存在を証明すれば、つまり、座禅を組んで魂の存在、真我を自分で確認できれば、自分の性というのはその瞬間に無になり、理屈も何も離れて無の境地になれるという。そういう境地になれば、あなた自身が仏であり、あなたのいまいるところが天国になるということです。

この白隠禅師がおつくりになった『坐禅和讃』は、現代の我々にも理解ができる文章になっております。

ふつう一般に、般若心経《はんにゃしんぎょう》にしても、我々にはたいへん難しくて理解ができませんけれども、この『坐禅和讃』は、現代の我々にも理解できる言葉で書かれております。そして、その意味するところはまさに仏教の神髄を突いております。

白隠禅師が説かれるような、こういう人生をおくっていけば、我々がそれぞれ経営している会社も、すばらしい経営ができるのではないか、と思っております。

生き方の神髄 3

稲盛和夫箴言集

21.

私は、「世の中の役に立ち、自分も幸せだった」と振り返って感じられるような生き方が、究極的には人々の求めている人生の姿であろうと思う。

（『敬天愛人』）

22・

仕事における喜びというのは、飴玉《あめだま》のように口に入れたらすぐ甘いといった単純なものではない。労働は苦い根と甘い果実をもっているという格言のとおり、それは苦しさやつらさの中からにじみ出してくるもの。仕事の楽しさとは苦しさを超えたところにひそんでいるものだ。

（『生き方』）

23・

誰しも恵まれた人生、幸運な人生をおくりたいと考えている。だが、いい人生というのは天から降ってくるものではなく、自分の心を磨くことによって得られるものだ。だからまずは、美しい心になるように日々努力することが大切だ。そして、心を磨くにあたって基本になるのが「勤勉」だ。仏教ではこれを「精進」と呼ぶが、それは仕事に限らず、何か一つのことに没頭したり、打ち込むことだ。

（『徳と正義』）

24・
いつも燃えるような意欲や情熱をもって、その場そのとき、すべてのことに「ど真剣」に向かい合って生きていくこと。その積み重ねが私たち人間の価値となって、人生のドラマを実り多い、充実したものにするのだ。

（『生き方』）

25.

生きていくということは、苦しいことのほうが多いものである。ときに、なぜ自分だけがこんな苦労をするのかと、神や仏を恨みたくなることもあるだろう。しかし、そのような苦しき人生だからこそ、その苦は「魂」を磨くための試練だと考える必要がある。人生における労苦とは、己の人間性を鍛えるための絶好のチャンスだ。

（『「成功」と「失敗」の法則』）

26・

たしかに運命というものは、私たちの生のうちに厳然として存在する。しかしそれは人間の力ではどうにも抗《あらが》いがたい「宿命」なのではなく、心のありようによっていかようにも変えていけるものだ。運命を変えていくものは、ただ一つ私たちの心であり、人生は自分でつくるものだ。

（『生き方』）

27.

「足るを知る」ということは、すなわち生きていること

に感謝することだ。感謝する心があるから、「足るを知る」

ことを実感できるわけで、そう思えること自体が実は幸

せなのだ。

（『徳と正義』）

28・

人生は、照る日もあれば曇る日もある。幸運がめぐっているときはもちろんのこと、災難にあったときにも、修行だと思い、自分が生かされていることに「ありがとう」と感謝することが、心を清らかにし、運命をよい方向へ導く。

（『ありがとう　おかげさま』）

29・

災難にあうことにより過去の業は消える。そこで、「ありがたい。この程度の災難ですんでよかった」と感謝し、明るい方向に考え方を変えていく。災難さえも前向きに解釈することで、運命をよい方向に変えることができる。

（『新しい日本　新しい経営』）

30・

外的条件がいかにあっても、幸せはつねに自分のそばにある。「自分はいま幸せだ」と感謝しながら、日々向上するように努力を重ねることで、新たな幸せをつかんでいけるのだ。

（『徳と正義』）

出典（いずれも稲盛和夫著・一部改変したものがあります）

21．『敬天愛人』86、87Ｐ（ＰＨＰ研究所）
22．『生き方』158、159Ｐ（サンマーク出版）
23．『徳と正義』192Ｐ（ＰＨＰ研究所・共著）
24．『生き方』99Ｐ（サンマーク出版）
25．『「成功」と「失敗」の法則』33Ｐ（致知出版社）
26．『生き方』59Ｐ（サンマーク出版）
27．『徳と正義』205Ｐ（ＰＨＰ研究所・共著）
28．『ありがとう　おかげさま』56Ｐ（海竜社・共著）
29．『新しい日本　新しい経営』185Ｐ（ＰＨＰ文庫）
30．『徳と正義』208、209Ｐ（ＰＨＰ研究所・共著）

稲盛和夫（いなもり・かずお）　一九三二年、鹿児島生まれ。鹿児島大学工学部卒業。五九年、京都セラミック株式会社（現・京セラ）を設立。社長、会長を経て、九七年より名誉会長。また、八四年に第二電電（現・ＫＤＤＩ）を設立、会長に就任。二〇〇一年より最高顧問。一〇年には日本航空会長に就任。代表取締役会長、名誉会長を経て、一五年より名誉顧問。一九八四年には稲盛財団を設立し、「京都賞」を創設。毎年、人類社会の進歩発展に功績のあった人々を顕彰している。

著書に『生き方』『心。』『京セラフィロソフィ』（いずれも小社）、『働き方』（三笠書房）、『考え方』（大和書房）など、多数。

稲盛和夫オフィシャルホームページ
https://www.kyocera.co.jp/inamori/

【稲盛ライブラリー】

稲盛和夫の人生哲学、経営哲学をベースとして技術者、経営者としての足跡や様々な社会活動を紹介しています。
■所在地　京都市伏見区竹田鳥羽殿町9番地（京セラ本社ビル南隣り）
■開館時間　午前10時～午後5時
■休館日　土曜・日曜・祝日および会社休日
https://www.kyocera.co.jp/company/csr/facility/inamori-library/

幸せな人生をおくるために

二〇二一年　一月　五　日　初版印刷
二〇二一年　一月十五日　初版発行

著　者　稲盛和夫
発行人　植木宣隆
発行所　株式会社　サンマーク出版
〒一六九-〇〇七五
東京都新宿区高田馬場二-一六-一一
（電）〇三-五二七二-三一六六
印刷　共同印刷株式会社
製本　株式会社若林製本工場

ISBN 978-4-7631-3883-5　C0030
ホームページ　https://www.sunmark.co.jp